AF337799

LE CARABIN PATRIOTE,

OU

LE MIROIR POLITIQUE,

ESQUISSE DE LA RÉVOLUTION,

DEPUIS 1789 JUSQU'EN 1815.

A PARIS,

Chez DELAUNAY, Libraire, sous les Galeries de bois, au Palais-Royal.

IMPRIMERIE DE J.-L. SCHERFF, PASSAGE DU CAIRE.

1815.

AVERTISSEMENT

DE L'ÉDITEUR.

IL faut rendre à César ce qui est à César, et à Dieu ce qui est à Dieu.

D'après cette maxime, je déclare que les trois cents premiers vers de ce petit Poëme ne sont point de moi, et que j'ignore le nom de leur Auteur. Une copie informe de cet Ouvrage est tombée par hasard dans mes mains ; je ne sais même pas s'il a jamais été imprimé : elle était peu lisible, et souvent tronquée. Je me suis permis de faire quelques vers oubliés, d'en remettre d'autres sur leurs pieds. La fantaisie m'a pris alors de profiter du cadre pour exposer, par continuation, les différens tableaux de la Révolution française, jusqu'au second rétablissement de Louis XVIII sur son trône.

J'aurais désiré prendre le ton agréable et léger de l'Auteur ; mais mon faible talent ne m'a pas permis d'imiter son ingénieux badinage pour retracer des scènes d'horreur. Je me

suis attaché simplement à peindre en ra-
courci, mais avec vérité, les principaux faits
arrivés pendant le règne affreux de l'usurpateur, tous les moyens employés par ses vils
suppôts pour replacer et maintenir sur la tête
de cet ambitieux la couronne de France, et à
me servir de toutes les expressions popu-
laires usitées dans ces tems malheureux.

Peut-être serais-je fondé à reprocher à
l'Auteur de la première partie de cet Opus-
cule d'avoir souvent passé trop légèrement
sur différentes époques mémorables de notre
révolution, et surtout de n'avoir point parlé
de la fameuse journée du 14 vendémiaire
an 4; mais son ouvrage m'a fait trop de
plaisir, pour que j'ose lui adresser un re-
proche; cependant ce coup d'éclat donnait à
connaître d'avance le caractère de l'homme
atroce qui devait nous gouverner un jour. On
se rappèle que Bonaparte, simple officier
alors, fit tirer, dans Paris, le canon sur le
peuple; qu'un grand nombre de citoyens fut
victime de l'exécution de cet ordre sanguinaire, et que ce premier acte de férocité lui
ouvrit le chemin des grandeurs.

LE CARABIN PATRIOTE,

OU

LE MIROIR POLITIQUE.

Il est des gens que le ciel favorise :
Le noir souci ne les atteint jamais ;
Rien ne saurait exciter leurs regrets ,
Ni leur causer de fâcheuse surprise ,
On les voit toujours satisfaits.
Que le feu de la canicule
Épuise nos guérêts , les dessèche , les brûle ,
Bon ! disent-ils , le vin sera meilleur ;
Pour mûrir le raisin , il faut de la chaleur.
Sommes-nous inondés de pluie ?
Quel tems heureux pour la prairie !
Comme la verdure , en tous lieux ,
Va reparaître et récréer nos yeux !
Les coups redoublés du tonnerre
Semblent-ils menacer la terre ?
Entend-on mugir les autans ?
La grêle , les débordemens
Exercent-ils leur fureur meurtrière ?
Voilà , disent nos bonnes gens ,
L'atmosphère qui se dégage ,
Cela convient de tems en tems ;
L'air est plus pur après l'orage.
Un bon ami meurt-il ? Il est mort ! ah ! tant mieux ,
Il était souffrant , malheureux ;

Il est en paix : Dieu veuille avoir son ame !
Je vous laisse à penser si l'un de ces Messieurs
        Fait des cris lorsqu'il perd sa femme.
Sont-ils....? vous m'entendez ; jamais d'emportement :
        Avec douceur et patience
Ils supportent le cas. A quoi sert le tourment ?
        Le bien leur arrive en dormant ;
        Point de souci pour la pitance,
        Est-il un état plus charmant ?
Et qu'importe, après tout, d'où provient l'abondance !
Elle existe ; il suffit. Aise et tranquillité,
C'est leur devise : enfin, des chances de la vie
Ils ne voient jamais que le brillant côté.
        Heureux mortels ! que je vous porte envie !

        Mon Carabin est un de ces élus,
        Joyeux Gascon, s'il en fut dans le monde.
Tout irait de travers dans la machine ronde,
        Qu'il n'en vivrait ni moins, ni plus.
        Un évènement politique
        Vient-il changer la face de l'Etat ?
        Mon homme approuve, il admire, il combat
        Toute plainte et toute critique :
        Il vous dit d'un air important :
Il fallait ça : sandis, nous allons maintenant
Être heureux.... lé passé né valait pas lé diable ;
        L'avénir séra délectable ;
En attendant, jouissons du présent.

        Dans ce tems où l'effervescence (1)
        avait gagné tous les esprits ,

---

(1) En 1789.

Où l'incendie allumé dans Paris
  Mettait en feu toute la France,
Je vis un jour paraître mon Frater
Se rengorgeant, l'air agréable et fier. —
Comment donc !... est-ce vous ? pourquoi cet uniforme,
  Ce grand plumet, cette cocarde énorme ? —
  « Pourquoi ? sandis, eh ! né savez-vous pas
    » Qu'on a mis la noblesse à bas,
 » Qué nous sommés égaux, qué lé roi Louis Seize
   » A restauré la liberté française ;
 » Qué nous né sommés plus sujets, mais nation ;
 » Qu'aujourd'hui, c'est vraiment uné fêté publique ;
 » Qu'on vient de proclamer la fédération,
   » Et qué je vais d'affection
   » Y préter lé serment civique ?
   » Eh ! donc, n'est-ce pas magnifique ? » —
  Ces commencemens sont fort beaux !
Vous lanternez les gens (1), vous brûlez les châteaux,
  Vous pillez !... — « Quellé mauviette !
   » Avec vos propos doucéreux,
   » Vous n'êtés qu'uné femmélette ;
   » Eh ! sandis, sans casser des œufs,
   » Pourrait-on faire une omélette ?
   » Si l'on s'est montré vigoureux
 » Il fallait ça : lés nobles et lés prêtres
 » Prétendaient nous donner à rétordre du fil,
   » Mais lé patriote est subtil,
   » Il a su démasquer lés traîtres.
 » Il rira bien célui qui lé dernier rira :

---

(1) Mettre à la lanterne : expression populaire de ce tems, qui signifie pendre à la place d'une lanterne.

» Malgré leurs dents , cadédis , ça ira.

» Lé roi lé veut : cé monarque est habile ,

» Sage et prudent , ferme et dé bonné foi.

   » *La Nation , la Loi, lé Roi ;*

   » Voilà lé nouvel évangile.

» Adieu , mon cher ; jé vole avec ardeur

» Au Champ dé Mars. » Il part d'un air vainqueur.

La révolution , d'une marche rapide

   Parcourt un cercle destructeur ,

Et de la liberté le grand restaurateur

   Tombe sous la hache homicide.

Je croyais le Gascon plongé dans le chagrin :

   Il arrive le front serein ;

   De plaisir son œil étincelle. —

   « Eh ! bien , sandis , grandé nouvelle !

» Lé Darron !... il n'est plus !.. sans prendré dé tabac ,

» Il vient d'éternuer sa têté dans lé sac (1).

» C'était bien entre nous lé plus grand imbécille !...

   » Un traître qui nous abusait....

   » Aux ennemis il nous vendait....

   » Son trépas en épargné mille ;

» Il fallait ça : d'ailleurs qu'est-il bésoin d'un roi ?

   » Pour souvérain n'avons-nous pas la loi ?

   » Lé grand malheur qu'il failie sé résoudre

   » A sé passer dé Messieurs les Bourbons !

   » C'est, mon cher, trenté millions

   » Qui rentrent dans lé sac à poudre.

» Plus dé tyran : Gorsas , Brissot , Pethion

---

(1) Horrible expression populaire , qui signifie être décapité. Le malheureux Louis XVI le fut le 21 janvier 1793.

» Et cette Gironde énergique
» Vont gouverner la nation
» Commé dés dieux ; c'est mon opinion.
» A bas lés rois ! *Vivé la République !* »

L'audace, la fureur, les révers, les succès
Signalent chaque jour cette époque sanglante.
   La raison fuit et sur le sol français
      Règnent le deuil et l'épouvante.
     Des législateurs inhumains
     De Néron, suivant les maximes ,
     Tour–à–tour bourreaux et victimes ,
Meurent sur l'échafaud qu'avaient dressé leurs mains.
    Noble , Prêtre , Fédéraliste , (1)
    Suspect , Modéré , Girondin ,
    Cordelier , Feuillant , Allarmiste ,
Tout tombe, tout périt sous le fer assassin.
Qui pourrait échapper à la fatale liste !
On nageait dans le sang.... J'aperçois le barbier.
    Il entre d'un air de conquête :
    Un bonnet rouge ornait sa tête. —
  « Ah ! té voilà ! (2) » — Vous êtes familier ! —
» Doucément, pas dé vous ; jé té rappelle à l'ordre :
    » Qui né s'y met sé féra mordre :
    » Cadédis , né badinons pas.
   » On sé tutoye , il faut sé mettre au pas ,
   » Ou tu férais suspecter ton civisme. » —

---

(1) Noms des différens partis qui existaient alors.

(2) Pendant tout le tems de l'anarchie, que l'on nomma e règne de la terreur, ceux qui voulaient passer pour de bons républicains portaient le bonnet rouge et tutoyaient tout le mondé , même lès ministres.

Ah ! laissez-moi ; votre patriotisme
Me fait horreur ! Comment justifier
Tous vos excès ? comment les pallier ? —
« Eh ! qué dé bruit ! d'où vient cetté colère ?
» Et qué fait-on qué l'on né doivé faire ? » —
    Oui, vantez vos exploits sanglans !
Les Girondins détruits ! — « C'était des intrigans. » —
Les riches dépouillés ! — « Il faut dé la finance. » —
Les prêtres !.. — « Voudrais-tu défendre cette engeance ?
    » Veux-tu toujours nous voir ménés
    » Commé des dindons par lé nez ?
    » Veux-tu croupir dans l'ignorance ?
» Pour moi, jé suis honteux d'avoir été chrétien.
    » C'en est fait, jé né crois plus rien ;
    » Et jé dis qu'il faut uné chasse
    » Sur lé cagot commé sur la bécasse. » —
Mais le savant !... — » On saura s'en passer. » —
L'agriculteur ! — » Veut toujours entasser. » —
Le maximum écrase le commerce ! (1) —
» C'est un conte dont on té berce :
    » Et d'ailleurs où sérait lé mal,
» Quand tous ces brocanteurs iraient à l'hôpital ?
» Lé luxe n'est pas fait pour uné république ;
    » Il ruiné les grands Etats :
    » Tous laboureurs et tous soldats ,
    » Il faut ça : vois la Grèce antique :
    » Voilà cé qu'on doit admirer !
    » Déjà pour la régénérer

-----

(1) On avait taxé toutes les marchandises, et l'on ne pouvait, sous
peine de confiscation et d'arrestation, les vendre au-dessus du prix fixé
que l'on appelait le maximum.

» Dans touté la France on sé pique
» Dé l'imiter.... Jé prends un nom républicain ;
» On né m'appellé plus Latrousse, mais Tarquin.
» On m'a dit au club que cet homme
» Avait sauvé la liberté dé Rome. » —
Sottise.... — « Ce qu'on fait, moi, jé l'approuvé fort ;
» L'humanité, la douceur ou la mort,
» Il faut ça : *Vivé Robespierre !* »

Après avoir couvert de sang la France entière,
Ce Robespierre achève son destin,
Sous le glaive il expire enfin....
Le Carabin, muni d'une gazette,
Vient tout joyeux me conter sa défaite. —
» Lés Triumvirs, sandis, ils sont à bas !
» Il était tems !... cé sanguinaire,
» S'il eût prolongé sa carrière
» Touté la France aurait sauté lé pas.
» On n'est pas des trembleurs aux bords dé la Garonne ;
» Mais, d'après cé qué jé voyais,
» Sans vanité, jé commençais
» A frissonner pour ma personne.
» Comme on né respectait plus rien,
» Jé pouvais avoir peur : mainténant tout va bien ;
» Lé ciel en soit loué ! la France était lassée
» Dé cé règne d'oppression,
» Ellé s'en est débarrassée,
» Et *vivé la Convention !* »

De thermidor la faction chemine :
Entre ses mains, tout languit, tout décline :
Plus de vigueur : le soldat mal vêtu,
Plus mal payé, de détresse abattu,

Sent expirer toute son énergie.
Le peuple à la famine, il se lamente, il crie :
 De chûte en chûte, un malheureux papier,
 A ses porteurs offre pour hypothèque
 Tout simplement sa valeur intrinsèque.
 Je me disais : que pense le barbier ?
  Il paraît sur ces entrefaites.
Eh bien ! — « Né dités mot ; nous acquittons nos dettes.
 » Des assignats la planche va son train ;
 » Pour du réel, nous donnons dn frétin ;
 » D'émissions nous né sommés pas chiches,
  » Dans peu dé tems nous sérons riches,
 » Il fallait ça. » — Pour guérir nos malheurs,
 Sur le pinacle on met cinq Directeurs (1)
 Qu'on vit d'abord préluder avec gloire :
 Des maux passés on perdait la mémoire,
 On respirait : le frater triomphant : —
  « Voilà donc lé gouvernement
 » Qu'il nous fallait : et vigueur et prudence,
 » Rien né saurait ébranler sa puissance ;
 » Il est, sandis, fermé commé lé roc ;
  » Plus dé faction, plus dé choc,
 » Il va consolider lé bonheur dé la France :
 » Il fallait ça. » Quelques momens encor
Aux douceurs du repos on se laisse surprendre ;
  Mais le feu couvait sous la cendre,
 L'explosion éclate en fructidor.
  L'anarchie alors recommence,
  Faiblesse, orgueil, crime, insolence ;

-----

(1) L'abbé Sieyes, Barras, Carnot; Rewbel et Lareveillère-Lépeaux.

Présomptueux et sots, ignorans et pervers,
    De nouveau désolent la France
    Qui, sentant le poids de ses fers,
    Soupire après sa délivrance.

    Un guerrier part de l'Orient,
    Se reposant sur sa fortune,
    Bravant les Anglais et Neptune,
    Il franchit l'humide élément :
    Il arrive, et, dans un instant,
    Tout prend une nouvelle face.
Pour s'emparer de ce gouvernement,
    Un jour suffit à son audace. —
    « Enfin chacun séra content,
    » Dit lé frater ; cé pétit Bonaparte,
    » Cadédis, né perd pas la carte :
    » Il vient, crac. » — Et vos Directeurs
Fermes et puissans ! — « Bast, c'étaient tous des voleurs.
    » Sur lé partage, ils né pouvaient s'entendre,
    » Ils sé battaient. On dévait bien s'attendre
    » Qué cinq grivois né sauraient nous méner.
    » Un homme seul pourra mieux gouverner,
    » Mainténir tout dans un juste équilibre ;
    » Il fallait ça : lé Français séra libre,
    » J'en suis garant. » — Mais on peut redouter
Que sur le trône il ne veuille monter :
Du sceptre, un jour, il peut avoir l'envie. —
    « Vous connaissez bien son génie,
    » Pour lui prêter un tel dessein. !
    » Commé César, il est républicain :
    » Né croyez pas qu'à la couronne il rêve ;
    » Jé l'ai rasé quand il vint à Génêve,

» Et j'en réponds : sur lé sort dé l'État,
» Jé suis tranquille ; adieu : *Vivé lé Consulat!* »

Une main vigilante et ferme
Dirige tout : des maux sont réparés :
Sur l'avenir , les Français rassurés ,
A leurs malheurs osent prévoir un terme ;
Ils respectent leur chef, exaltent ses exploits ,
Et veulent , par reconnaissance ,
Tout le tems de son existence ,
Marcher, combattre et vivre sous ses lois.
De ce rang, de cette puissance ,
Notre héros semble être satisfait.
Ambitieux , vers le trône il s'avance ;
Tout réussit dans ce projet ;
Tout lui sourit , à ses vœux tout conspire ,
Et, sans obstacle , il parvient à l'Empire.
Je vois Tarquin. — « Eh ! bien, mon cher, sandis !
» Nous révénons d'où nous sommes partis :
» On vivait bien alors , on vivra mieux encore.
» Il faudrait être uné pécore ,
» Pour né point applaudir à cet événément.
» La monarchie est lé gouvernément
» Qui nous convient. » — Et votre république ? —
» C'etait un projet chimérique
» Qué dé vouloir l'établir parmi nous ;
» Il faut un roi. » — Mais , réfléchissez-vous
Qu'avec le pouvoir monarchique
Renaîtront le clergé, la superstition ? —
» Il faut au peuple uné réligion.
» Il est bon qué par fois il sé rende à confesse :
» Jé brûlé d'entendre uné messe. » —

Et cette légion d'honneur ?—

» Né faut-il pas uné noblesse ! » —

Mais cet éclat, ce luxe destructeur... —

» Il fallait ça, mon cher : lé luxe. est nécessaire.

   » Cadédis, avec ces tondus,

   » Ces caracalla, ces titus,

   » Jé né faisais qué dé l'eau claire :

» Mais aujourd'hui lé bon goût va régner ;

» Élégamment on sé féra peigner :

» Nous réverrons la grecque, la vergette,

» Lé hérisson, lé catogan, l'aigrette,

   » Et la bourse et la cadénette,

» Et lé fer à chéval, et l'ailé dé pigeon,

   » Il fallait ça : *Vivé Napoléon !* »

Pendant douze ans il domina la France,

   Ou, pour mieux dire, il en fut le bourreau.

Pendant douze ans que dura sa puissance,

Chaque jour est marqué par un crime nouveau.

Son plaisir, c'est du sang ; son bonheur, des conquêtes,

Et, pour son cœur de fer, les combats sont des fêtes.

Pour fonder son pouvoir, il ne respecte rien,

Il exile Moreau (1), fait fusiller d'Enghien (2),

Étrangler Pichegru dont il craint la franchise (3),

Et tient long-tems captif le prince de l'église (4)

De ses frères, voulant faire des potentats (5),

---

(1) Célèbre général chéri de toute l'armée.

(2) Fils du prince de Bourbon et petit-fils du prince de Condé.

(3) Général dont Bonaparte redoutait les révélations.

(4) Le pape Pie VII, retenu en chartre privée à Fontainebleau.

(5) Joseph, roi d'Espagne ; Jérôme, roi de Westphalie ; Louis, roi de Hollande ; Murat, son beau-frère, roi de Naples. Lucien, son frère aîné, n'a pas voulu être roi.

Il détrone des rois , dévaste leurs états :
Après avoir pillé , ravagé l'Allemagne ,
Il porte la terreur et la mort en Espagne.
Rien n'est sacré pour lui , même le nœud d'hymen (1) ;
Il rompt chaque traité qui nuit à son dessein.
Son sénat complaisant approuve jusqu'au crime :
Qui n'est pas son flatteur est bientôt sa victime ;
Et pour peindre d'un mot l'âme de ce Néron ,
Les conscrits sont pour lui de la chair à canon.

On vit alors la malheureuse Autriche
Qu'il ruina deux fois , sans en être plus riche ,
    Pour appaiser tant de forfaits ,
    Acheter cher une perfide paix ,
En donnant au tyran Louise en mariage (2).
On crut que cet hymen allait le rendre sage
    Et mettre un terme à ses vastes projets :
Tel fut l'espoir commun , surtout, quand au grand homme
Naquit un rejetton (3) , qu'il nomma roi de Rome.
    Il n'en fut rien : sans motif, comme un fou,
Il veut dicter des lois , même au sein de Moscou.
    Célérité fut toujours sa devise :
    A l'instant , pour cette entreprise ,
Six cents mille guerriers sont levés , préparés ,
    Et trois mois après ... enterrés (4).

---

(1) Il fit prononcer son divorce par son sénat.

(2) Marie-Louise . fille de l'empereur d'Autriche , le 2 avril 1810.

(3) Le 20 mars 1811.

(4) Voyez la description des malheurs de cette campagne , dans un ouvrage intitulé : *De la Campagne de Moscou* , par M. Delabeaume , témoin oculaire.

Mais à l'aveugle audace ajoutant l'imposture,
Le fléau des humains risque encor l'aventure,
Lève d'autres soldats , met de nouveaux impôts ,
Part.... et couvre nos champs d'un déluge de maux.

Cependant, fatigués de cette horrible guerre ,
Les plus puissans rois de la terre (1)
Unissent contre lui leurs armes et leurs cœurs ;
Puis , guidés par la Providence ,
Marchent d'accord , sont nos vainqueurs,
Et , malgré nous , sauvent la France.

O *Corse* abominable ! au centre de Paris ,
Pour punir tes forfaits , on vit les ennemis (2) !
Mais , grands dans la victoire , oubliant toute offense ,
Ils nous donnent la paix.... douce et noble vengeance !
L'Usurpateur abdique , il n'est plus empereur ,
Et de rage , en pleurant , signe notre bonheur.

La liberté ramène l'Espérance :
Le Commerce sourit , Thémis prend sa balance ;
Aux allarmes la paix succède ; le canon
La proclame.... la joie est vive, universelle.,..
Louis vient.... chacun vole.... on revoit un BOURBON.

A peine sur son trône , à sa voix paternelle
Les fers tombent partout , et cent mille soldats
Par ce premier bienfait , échappent au trépas.

---

(1) La Russie , l'Autriche , la Prusse et l'Angleterre.
(2) Le 31 mai 1814, après un combat très-sanglant sur les hauteurs
de Montmartre, Chaumont et Belleville.

Dans ces momens d'allégresse, un Dimanche,
Je vis entrer le Gascon au logis,
Le chapeau décoré d'une cocarde blanche ,
Et sur le cœur la fleur de lys (1).
» Eh ! bonjour, me dit-il ; jé réviens dé la guerre ,
» Ou plutôt jé réviens des pontons d'Angléterre. » —
Quoi ! vous avez quitté votre premier état ? —
» Non , jé réprends la houppe et né suis plus soldat.
» Mon cher , né craignez pas qué dé nouveau jé parte :
» Qui veut finir ses jours peut suivré Bonaparte.
» Jé né veux plus risquer , pour servir son orgueil ,
» Dé faire à mes parens prendré sitôt lé deuil.
   » Qu'on est malheureux d'êtré brave !
» Au premier coup dé peigne , on mé fit prisonnier :
» J'ai bien frisé la mort , sandis , dans cé métier !
» Mais Louis réparaît , jé né suis plus esclave :
   » D'un trait dé plume il a changé mon sort. » —
   Aussi , d'honneur , jé l'aimé fort.
Napoléon , pour vous , n'est donc plus un grand homme ? —
» Il lé fut trop long-tems ; mais jé veux qu'on m'assomme,
» Si jé pense aujourd'hui tout cé qué j'en ai dit. » —
C'était , à vous entendre , un héros , un vrai sage ,
Et de son siècle enfin le plus grand personnage. —
   » Il lé fut bien , sans contrédit :
» Son nom vivra toujours. «— Dans l'histoire des crimes.
   Qui pourrait compter ses victimes ? —
   » Il est parti ; né lé regrettons pas :
» Pourtant on aurait dû l'envoyer au trépas ,
» Il fallait ça : c'était un ogré sur la terre ;

---

(1) Décoration qui a été donnée par Monsieur , frère du Roi , à la garde nationale de Paris et à un grand nombre de citoyens.

» Il aurait dévoré la nation entière. » —
Oui, vous avez raison ; avec plaisir je voi
Que vous êtes changé, que vous aimez le Roi. —
    « Dé tout mon cœur ; cadédis , lé brave homme !
      » L'honneur et Louis , c'est tout comme.
      » Ah ! quel visagé radieux !
      » Et qué dé bonté dans les yeux !
» A lui jé donnérais mon avoir sur parole ;
» L'autré, sur son écrit, n'aurait pas une obole. » —
Peut-il des bons Français n'être pas adoré ,
Nos cœurs l'ont surnommé LOUIS LE DÉSIRÉ !
De toutes ses vertus, ce mot seul est l'histoire.
Le beau surnom ! Voilà la véritable gloire ! —
« Eh ! donc, c'est mon avis ; car on révient toujours,
» Commé dit la chanson, à ses prémiers amours.
» A né pas lé chérir qui pourrait sé résoudre !
» Louis est bon, humain.... et porté dé la poudre.
    » *Vivé lé Roi!* tel est mon sentiment ;
      « Jé n'en changérais pas vraiment
» Pour un empire : aussi , jé volé sans réplique
» Mettre vingt fleurs dé lis dé plus sur ma boutique. » —
Pour me persuader vous prenez trop de soin ;
    Ecoutez donc.... Il était déjà loin.

L'aurore du bonheur semble luire à la France ;
On règle la recette, on fixe la dépense :
Depuis plus de vingt ans, pour la première fois,
On vit tranquille, enfin, sous le règne des lois.
    Les ris, les jeux rentrent dans les familles ;
Les filles n'ont plus peur de mourir un jour filles ;
La mère ne craint plus pour son fils valeureux ;
On ne désire plus d'être borgne ou boiteux ;

Déplorant des garçons la fatale disette,
On ne voit plus Lison danser avec Suzette,
Chacune a son chacun ; l'Amour en rit tout bas,
Et Cérès, dans nos champs, ne manque plus de bras:
On jure à ce bon Roi d'être à jamais fidèle ;
Le soldat, par ses cris, exprime un noble zèle,
    De la vertu l'on revoit les couleurs ;
    Tout change et prend une forme nouvelle ;
On devient plus sensible, on épure ses mœurs,
Et déjà les travaux, suspendus par la guere,
Reprenant leur vigueur, bannissent la misère.

Dans ces jours fortunés, où l'espoir renaissant
Effaçait du passé les sinistres images,
    Lorsqu'un avenir caressant,
En récréant nos yeux par de riants présages,
    Charmait nos cœurs, je vis, un beau matin,
    Arriver notre Carabin. —
    « Eh ! bien, dit-il, savez-vous la nouvelle ?
    » Napoléon est dé rétour
    « Dé l'île d'Elbe ! (1) Ah ! lé bon tour !
» C'est un homme étonnant ! uné fiéré cervelle ! » —
Oui, réjouissez-vous. — « Si jé mé réjouis !
» Et pourquoi pas ? » — Mais votre bon Louis ! —
» Décampe ; il fallait ça. » — Vantez cette conquête. —
    « Mon cher, à l'œuvre on connaît l'ouvrier.
» Jé conviens qu'il avait une excellenté tête,
» Mais il était trop bon pour un pareil métier,

---

(1) Isle d'Italie, sur la côte de Toscane, vis-à-vis de Piombino. C'est de cette île où Bonaparte devait passer le reste de ses jours, qu'il trouva moyen de s'échapper avec 600 hommes qui formaient sa garde.

» Et né pouvait conserver sa couronne ,
» Les Bourbons mainténant sont peu faits pour lé trône ;
» Car ils n'ont rien appris et n'ont rien oublié. (1) » —
De cet évènement je suis pétrifié !
Ah ! quelle trahison ! mon ame en est flétrie !
Que de maux je prévois pour ma pauvre patrie ! —
      « Aucuns, mon cher, et point dé trahison ;
» Il est vénu tout seul, pas un coup dé canon.
      » Voici lé fait.... Son peuplé lé rappèle,
» Crac, il vient : ses soldats, dont on connaît lé zèle,
» Protègent son entrée au milieu des Français,
» Ft pour plus dé vingt ans il apporté la paix.
» Il fallait ça ; sinon, moi, jé vous lé dénote,
» On aurait vu régner, de nouveau, la calotte,
        » Répris les biens nationaux,
» Et rétabli la dîme et les droits féodaux (2).
» Il fallait ça, vous dis-je, ou bientôt la vengeance
        » Aurait ensanglanté la France. » —
Ah ! vous portez toujours tout à l'excès !
On ne pensera pas comme vous au Congrès (3). —
« Et qué craignez-vous donc ? » — Une guerre civile !
Ou bien les Alliés encor dans cette ville ! —
      « Ah ! cadédis, ils n'y réviendront pas ,
        » Et les Puissances étrangères
      » Né mettront pas lé nez dans nos affaires ;
» Il n'y férait pas bon, sandis ; tous nos soldats
        » Sauront conserver leur ouvrage :
» Ils sont là, qu'on s'y frotte ; on verra beau tapage. » —

---

(1) Phrase de Bonaparte dans sa proclamation.

(2) Moyens dont on s'est servi pour soulever le peuple contre le Roi.

(3) Assemblée des Souverains alliés, tenue à Vienne.

Infortunés Bourbons ! qu'allez-vous devenir ! —
« Ils sont partis, mon cher, pour né plus révénir.
 » Adécias, car il faut qué j'achète
  » Un gros bouquet dé violette (1) ;
  » Délà j'irai sous son balcon
  » Crier : *Vivé Napoléon !* »

La France ressemblait à l'arbre que sans cesse
On prive des rameaux qui produisent le fruit :
Ce n'était plus qu'un tronc sans vigueur, sans jeunesse ;
Un bon jardinier vient et l'arbre refleurit.
 Il est paré d'un jeune et frais feuillage ;
Du prudent jardinier on admire l'ouvrage,
On bénit ses bienfaits, on vante son savoir :
Un jour, un ouragan, qu'on ne pouvait prévoir,
Apporte sur son arbre un dévorant Insecte,
Qui, d'un mortel venin, le pénètre et l'infecte.
Par ses soins vigilans l'Insecte doit périr ;
Mais rien ne réussit : des milliers de Chenilles
A l'animal rongeur, unissent leurs familles,
Et ce bel arbre, hélas ! va peut-être mourir !

Le retour du Brigand nous glace d'épouvante (2) :
On tremble pour le Roi, tout bas on se lamente ;
Sous ce tyran chacun redoute un triste sort,
Et lit dans l'avenir l'esclavage ou la mort.

Despote astucieux ! toi qu'on vit autrefois
Singer arrogamment la pompe de nos Rois,

---

(1) Bonaparte est revenu en France dans la saison de la Violette, et on le surnommait le Père La Violette. Un bouquet de cette fleur était le signe de ralliement des Bonapartistes.
(2) Le 20 mars 1815.

Peux-tu bien aujourd'hui, sans honte et sans scrupule,
T'entourer bassement d'une vile crapule,
Caresser tes soldats, prodiguer les cordons,
Et rendre ainsi l'honneur le prix des trahisons !
La vérité pour toi n'est-elle qu'un vain songe ?
Tu fais, dans tout Paris, placarder le mensonge,
Publier, en tous lieux, que tu sais nos malheurs (1),
Et qu'à nos cris, tu viens pour essuyer nos pleurs !
Misérable imposteur ! tu promets à la France
   La liberté, l'indépendance,
  Une solide, une honorable paix,
   L'intégrité du territoire !
   Quoi ! tu nous dis que désormais,
Insensible à l'appât d'une funeste gloire,
Tu songes seulement au bonheur des Français !
Tes moyens, où sont-ils ?... Dans de nouveaux forfaits !

Un jour, pour dissiper les sombres rêveries,
  Le noir chagrin dont j'étais tourmenté,
  Et même un peu par curiosité,
J'allai me promener, tout seul, aux Tuileries :
Là, j'entends Mons Tarquin pousser avec fureur
Les cris séditieux de : *Vive l'Empereur !*
Je voulais l'éviter ; mais, sans miséricorde,
Il m'atteint d'un salut et de suite il m'aborde. —
« Eh ! bien, vous entendez ! voilà l'élan du cœur !
» Quel triomphe pour lui ! » — Pour nous quel déshonneur ! —
« Lé servicé qu'il rend aux Français n'est pas mince ! » —
O crime ! un intrigant vient détrôner son prince ! —
  « Mon cher, parlez bas, point d'humeur ;

---

(1) Voyez sa proclamation où l'on trouve toutes ces belles promesses
et ces grandes expressions avec lesquelles il trompa le peuple·

» Sans diré gare , ici , la police vous pince :
» Soyons prudens ; allons causer dé cé côté. » —
    Pourquoi ? n'avons-nous pas la liberté
    De parler ? — Chut ; qué vous êtes unique !
» Vous né connaissez pas lé grand Napoléon !
» Vous né voyez en lui qué crime et trahison ;
    » Cé n'est vraiment qué de la politique.
    » Avez-vous lu ses proclamations ?
» On les trouve partout, sur les quais, dans les halles.
    » Ah ! qué dé phrases libérales (1)
    Et dé bonnés intentions ! —
Hélas ! oui, j'ai tout lu.— « Quoi ! vous doutez encore
» Dé l'amour du héros qué tout lé peuple adore ! » —
    Et que pourtant les gens d'honneur
    N'ont jamais pu voir sans horreur. —
« C'est l'hommé qu'il nous faut : on connaî sa vaillance ;
» Dé touté notre armée il a la confiance :
» La troupe ainsi lé veut ; ellé féra la loi.
» Sa gloire était perdue avec votré bon Roi ! —
De vos raisonnemens mon ame est alarmée ;
Et depuis quànd doit-on obéir à l'armée ?
Vous êtes un ingrat : pouviez-vous oublier
Que sans Louis encor vous seriez prisonnier ! —
« Ah ! vous avez raison ; oui, jé lui dois la vie,
» Mais il faut avant tout songer à sa patrie.
» Bon soir. » — Il me quitta : je sortis du jardin,
Où, loin de se calmer, croissait mon noir chagrin.

    Notre Histrion , plein d'impudence ,
    Voulant tromper toute la France ,

---

(1) Libérales : expression dont on se servait à tout propos.

Convoque , sans aucun délai,
Au Champ de Mars, un Champ-de-Mai (1),
Pour couronner la fille de l'Autriche,
Qui n'y vint pas , en dépit de l'affiche (2),
Et soumettre au Peuple français
Ce bizarre fatras d'obscures lois nouvelles
Que venaient d'enfanter exprès,
De ses plats courtisans, les perfides cervelles.

Pour bien représenter ce drame contrefait,
Dont en tous lieux déjà, sous cape, on se moquait,
Le Directeur, du fond de nos provinces,
Mande certains acteurs connus depuis longtems,
Dont les talens jadis n'étaient pas minces,
Et qui faisaient comme lui les tyrans.
Le jour arrive ; on commence la pièce,
Qui fut jouée avec beaucoup d'adresse :
Les habits étaient beaux ; mais le plan, mal tracé,
Fut cause que l'auteur n'eut qu'un succès forcé.

Dans le tems qu'à Paris on donnait ce spectacle,
Nos ennemis marchaient, renversant tout obstacle,
Et réunis , entr'eux les souverains
Avaient juré guerre éternelle
Au perturbateur des humains,
Parjure à son serment, à l'honneur infidèle.

On pouvait, d'un seul coup, arrêter les combats,

---

(1) Ce Champ-de-Mai n'eut lieu que le 2 juin 1815.

(2) On affecta d'afficher avec profusion que l'impératrice Marie-Louise devait assister à cette cérémonie.

Eviter tous les maux dont la France est victime ;
D'une main vengeresse , un acte magnanime....
Le ciel, pour nous punir , enchaîna tous les bras !

    Hélas ! grand Dieu ! les malheurs de la France
    N'ont pas encor épuisé ton courroux ,
        Puisque tu laisses l'existence
    Au tigre affreux qui nous dévore tous !

De faux législateurs (1) , la criminelle rage
Signale ses fureurs dans le temple des lois :
L'anarchie a juré haine au meilleur des Rois.
L'un (2), au nom de l'honneur, invoque le carnage ;
L'autre (3) veut que l'on donne au vil usurpateur
Le titre auguste et cher de Sauveur de la France ;
    L'autre (4) condamne aux fers , à l'indigence,
Quiconque , à son insu , répète un bruit menteur :
Enfin l'on entendit un monstre , un cannibale (4),
Demander à grands cris la peine capitale
    Contre les vieux , les paisibles parens ,
        Et les rejetons innocens
De ces preux chevaliers qui , dans ces tems d'alarmes,
Pour la plus juste cause avaient porté les armes ;
Et l'on vit l'orateur, le pistolet en main ,
Défendre , à bout portant, son projet inhumain.

----

(1) Tous les députés avaient été nommés illégalement.

(2) Barrère.

(3) Felix Lepelletier.

(4) Thibeaudeau.

(5) Le Guevelle.

On la voit dans les champs, aux faubourgs, dans les villes.
Par leurs soins , la Discorde envahit nos asiles :
Des enfans égarés menacent leurs parens ;
Le frère fuit sa sœur, qu'au fond du cœur il aime ;
Mais leur opinion, hélas ! n'est pas la même ;
L'ami combat et quitte un ami de vingt ans ;
Au doux sein de l'hymen , dans le meilleur ménage,
La sombre Politique enfante un noir nuage,
Et chez soi, fût-on seul, il faut congédier,
Pour querelles d'état , un valet , un portier.

Au centre de Paris tout respire la guerre :
Il n'est plus d'autre état que l'état militaire.
Le chasseur citadin , le grenadier bourgeois,
Contraints par le tyran , vont marcher à sa voix (1).
Tout s'émeut, tout s'agite en cette horrible crise ;
L'un fait un grand fossé , l'autre un cheval de frise :
Pour d'effrayans travaux , hors des murs de Paris,
Des vieillards , des enfans tous les bras sont requis ;
Les arbres qui paraient nos vastes promenades
Hérissent nos remparts de longues palissades ;
Le criminel espoir de troubles assurés
Unit les malveillans en corps de fédérés.

Tout est prêt : le tyran , sans écouter personne ,
    Part.... mais , songeant à l'avenir,

———————————————————

(1) Un décret mit toutes les Gardes nationales à la disposition du
ministre de la guerre.

Il dit avec fureur : je veux vaincre ou mourir,
Doubler ma gloire ou perdre ma couronne (1).
A peine a-t-il reconnu le terrain
Que l'on entend gronder l'airain.
Du combat, très-long-tems, le succès se balance :
Dans les fameux Champs de Fleurus,
Tantôt vainqueurs, tantôt vaincus,
Nos guerriers bravent tout. O malheureuse France !
Un faux instinct d'honneur égare leur vaillance,
Et, grâce à leurs efforts, le Corse a le dessus.

Le lendemain, tout rayonnant de gloire ,
Il nous fait proclamer une grande victoire ;
Mais quelle honte ! hélas ! le lendemain encor,
Sans s'occuper du soin de la retraite,
Le lâche vient lui-même annoncer sa défaite
Et la perte de son trésor.

A ce récit, les honorables membres,
Suppôts du scélérat, gémissent dans leurs Chambres (2) :
Sur le sort de l'Etat ? non , ils savent prévoir
Qu'en perdant leur patron , ils vont perdre pouvoir ,
Honneur, rang, dignité, fortune ;
Que sa disgrace enfin à tous leur est commune.
Que font-ils ?... leur métier !... Ces conseillers pervers
A leur profit tournent ce grand revers.
Bientôt le despote abandonne,

---

(1) Bonaparte en partant a dit : Quitte ou double.

(2) La Chambre des Pairs et celle des Députés.

Forcé par eux, pour la seconde fois,
De la chancellante couronne,
Qu'il usurpa, les titres et les droits,
En favenr de son fils, ci-devant roi de Rome ;
Sinon, ajoute le grand homme,
Qui, pour s'être sauvé, se croit notre sauveur,
Je resterai votre empereur.

Chacun tremblait de la menace :
Les Sycophantes déhontés,
Qui se disent nos députés,
Au foyer des forfaits rallumant leur audace,
Au complot calculé du perfide brigand,
Seuls, ont prêté l'appui de leur ton arrogant :
Un enfant prisonnier est nommé Roi de France !
Mais du fier potentat l'héritier incertain
Ne garda guères qu'un matin
Le phantôme de sa puissance.

Sur mon triste pays sans cesse j'éprouvais
Mille inquiétudes mortelles :
Brûlant d'apprendre des nouvelles,
Je cours au Café de la Paix.
On y disputait fort ; j'écoute....
Et je reconnais à l'instant
La voix perçante et le ton important
Du Carabin que je redoute.
Mais je suis découvert ; il m'aperçoit de loin,
Et vient me trouver dans mon coin.
A ses bons sentimens sa livrée est conforme :
Aussi des fédérés porte-t-il l'uniforme
Que ne dément pas son jargon. —

« Eh ! bien, mon cher, la rénommée,
Me dit-il, en baissant le ton,
» Vous a sans doute appris lés révers dé l'armée ?
» Par dé perfides chefs, nos soldats aguerris
» Ont été lâchement trahis. » —
Hélas ! je sais qu'on n'a rien fait qui vaille ! —
» Sandis, on né fait pas toujours cé qué l'on veut :
» Quoiqué vous en disiez, sans un *sauvé qui peut* (1),
» Uné terreur panique, on gagnait la bataille. —
Cette victoire aurait retardé nos malheurs ;
Plus tard les alliés auraient été vainqueurs. —
» Céla sé peut : on dit qué Bonaparte
» Dans lé combat avait perdu la carte.
» Jé conviens entré nous qué cet homme est usé :
» Du pouvoir souvérain il est désabusé.
» Au bonheur dé son peuple il fait cé sacrifice :
» Chacun doit l'en rémercier,
» Car, sandis, on né peut nier
» Qué cet acte à la France a rendu grand service (2). » —
Témoin huit cents mille soldats,
Qui vont nous tomber sur les bras ! —
» Qué non : cé changément rend notre affairé bonne,
» Et désormais on né craint plus personne.
» Lé beau-péré, voyant régner son pétit-fils,
» Réprendra, sans tarder, lé chémin du pays.
» Jé sais d'un employé du bureau dés finances
» Qué c'est lé vœu dé toutés lés puissances.

---

(1) Mot de Bonaparte pour excuser sa défaite. Voyez le bulletin qu'il fit publier.

(2 Les Chambres ont nommé des commissaires pour remercier Bonaparte de son abdication.

» Aussi , pour cet enfant , il n'est qu'un cri commun :
» Vivé Napoléon deux ! » — C'est pourtant trop d'un.—
» Sandis , il fallait ça ; sinon, jé dis d'avance
» Qué vos chers alliés partagéront la France.
   Et moi, toujours je vous prédis
Qu'on n'aura pas la paix, si l'on n'a pas Louis. —
» Ah! quel entêtément ! jé m'en vais sans réplique :
» On né peut avec vous raisonner politique. »

Pendant qu'aux factions donnant un libre cours,
On perdait tout le tems en frivoles discours ,
Des vainqueurs le canon annonçait les cohortes.
Déjà ces fiers guerriers étaient devant nos portes
  Et menaçaient de bombarder Paris.
   Les moins fous parlaient de se rendre ;
Mais il fut ordonné qu'il fallait se défendre
   Et repousser les ennemis.

A Montmartre aussitôt la mêche est allumée ;
A Belleville on fait avancer une armée ;
Chaumont, de fédérés. offre un large cordon ;
Bravant les alliés , ils veulent tout abattre :
Hélas! ils n'auront pas l'honneur de les combattre,
   Les alliés arrivent par Meudon.

Sur ce point, à la hâte , on dirige la troupe ;
Sur différens coteaux, en désordre, on la grouppe:
De l'une et l'autre part, avec égale ardeur,
   Un combat terrible s'engage ;
  Mais l'ennemi , maître de la hauteur,
Foudroyait nos soldats qui , malgré leur courage ,
   Tombaient sous les coups du vainqueur,
   Comme on voit tomber par centaines

Les blonds épis que, dans nos plaines,
Tranche la faulx du moissonneur.
Un jour entier est témoin du carnage.
La bataille est perdue !... on se livre au pillage (1)...

Ah ! venez dans nos champs, citoyens égarés,
Bonapartistes, fédérés,
Venez, pleurez nos maux ; ils sont tous votre ouvrage!

Grâce à l'usurpateur, les Souverains unis,
Pour la seconde fois, vont occuper Paris (2).

Du brigand obstiné les bandes criminelles,
Dans leurs antres maudits forgent des lois cruelles,
Jurent d'être à leur poste, en dépit des canons,
Proscrivent de nouveau Louis et les Bourbons,
Et lancent tous les jours au vainqueur quelqu'outrage ;
Mais il connaît sa force, et dédaigne leur rage.
Par des roquets hargneux, tel un dogue surpris,
Tourne la tête, passe, et méprise leurs cris.

Heureusement, bientôt l'on va revoir encore
Louis-le-Désiré, ce bon Roi qu'on adore.
On vole sur ses pas : déjà, dans tous les rangs,
Signalant son retour, flottent les drapeaux blancs.
Son passage est marqué par l'élan de la joie ;
L'allégresse publique en tous lieux se déploie ;
Il arrive.... on apprend qu'il est à Saint-Denis,
On y court.... les méchans !... ils ont fermé Paris !

---

(1) Il fut horrible à Sèvres, Meudon, Issy, Vaugirard, etc.

(2) Capitulation du 5 juillet 1815.

Mais, bravant pour le Roi, leurs forces meurtrières,
Hommes, femmes, enfans ont franchi les barrières.
Le Ruban, signe heureux d'une fidelle ardeur,
Annonce des Français l'amour et la candeur;
Soudain, un ordre qu'on abhorre
Vous enjoint de porter le ruban tricolore (1);
Enfin, jusqu'au dernier moment,
On comprime le sentiment.

Le lendemain de cet affreux scandale (2),
Avec pompe Louis revoit sa capitale.
Les chemins qu'il parcourt deviennent trop étroits;
On se presse pour voir le plus chéri des Rois.
La gaîté, de nouveau, sans contrainte s'épanche;
Partout du bon Henri l'on chante le refrain;
Chaque femme à l'envi de lys orne son sein;
Les hommes sont parés d'une cocarde blanche.
De l'ordre de la veille on rit le lendemain.

L'usurpateur alors fuyait chassé du trône;
Les vices fuyaient avec lui:
Louis revient, il reprend sa couronne,
Et les vertus vont régner aujourd'hui.

Quelque tems après cet orage,
Mon imperturbable barbier
Arrive, affectant le courage
Du plus intrépide guerrier.

____

(1) Sur la proposition de M. Penières, député.
(2) Le 8 juillet 1815.

D'abord , contre lui je m'emporte,
Et veux le jetter à la porte ;
Mais , à l'instant, je m'aperçois
Qu'il traîne une jambe de bois ,
Fruit de sa dernière campagne.
Un camarade l'accompagne ,
Et , de ses deux bras obligeans ,
Du malheureux soutient les pas tremblans.
« Vous lé voyez.... j'ai cé qué jé mérite ;
» Il fallait ça , dans lé commun danger,
» Pour mé convaincre. » – Ou pour vous corriger.–
» Point dé plaisantérie, ou jé m'en vais dé suite :
» Jé suis assez puni d'être tout éclopé.
     » Lé coquin ! comme il m'a trompé !
     » Jé suis honteux d'avoir pris sa défense !
» En trois mois qué dé maux il a faits à là France !—
Il n'est plus dangereux ; on a réglé son sort. —
» Jé né lé crains pas , mais jé l'aimérais mieux mort. » –
     Il est parti pour Sainte-Hélène (1). —
» Qué lé diablé l'emporte et sans réprendre haleine. »—
Calmez-vous , mon ami , Louis est de retour :
     Ah ! livrons-nous à l'espérance !
Mais plus d'ingratitude , aimons-le sans détour,
     Et du bonheur nous aurons l'assurance.—
» Sur ma jambé dé bois , j'en fais ici serment. »—
     Ça , maintenant, victime de la guerre,
     Dites-moi, malheureux, comment
     Vous comptez vous tirer d'affaire ?—

---

(1) Isle de la Mer Atlantique , de six lieues de circuit : elle est haute, montueuse et entourée de rochers escarpés : elle appartient aux Anglais , qui l'ont mise dans un état de défense imposant.

» Jé peux dé mon état faire encor lé dévoir ,
   » Sur un bon pied manier lé rasoir ;
     » Et , pour attirer la pratique ,
     » Jé veux mettré sur ma boutique :

    » *A la Jambé dé Bois.*
» *Latrousse rase ici les Napoléonistes ,*
    » *Et rajeunit les Royalistes ,*
    » *Pour servir lé meilleur des Rois.* »

De bien des gens , dans ce petit Ouvrage ,
Aisément on pourra reconnaître l'image.

FIN.